Beethovens Werke.

CADENZEN
zu Concerten für das Pianoforte
von
L. van BEETHOVEN.

1.
Cadenz zum ersten Satze des Concertes № 1. (C dur.)

BELWIN MILLS PUBLISHING CORP.
PRINTED IN U.S.A.

(Fortsetzung fehlt.)

4

Cadenz zum ersten Satze des Concertes № 1.(C dur.)

3.

Cadenz zum ersten Satze des Concertes N⁰ 1. (C dur.)

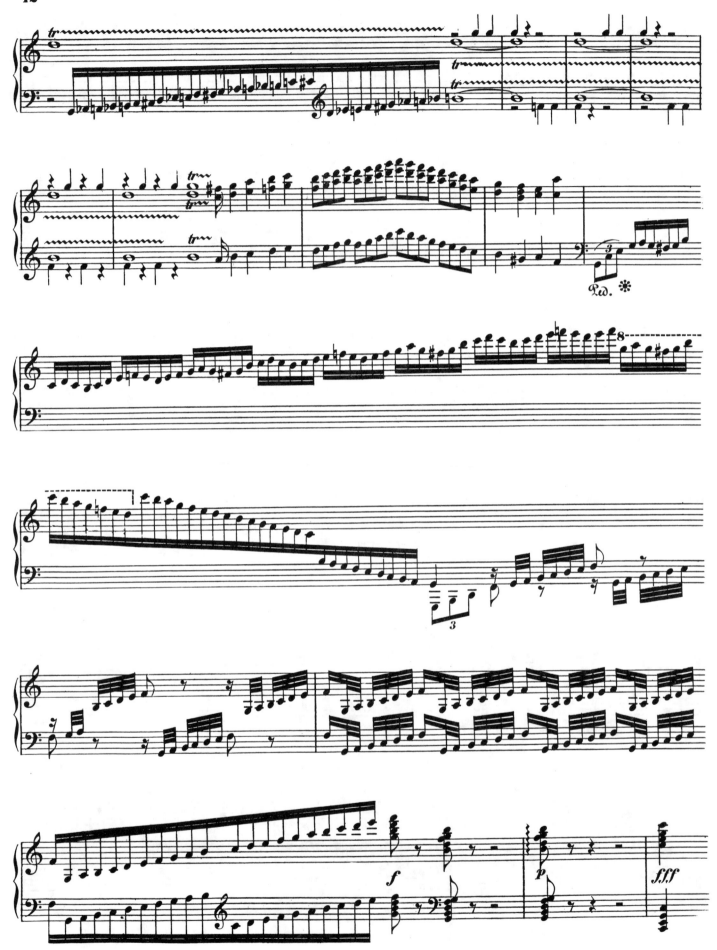

4.
Cadenz zum ersten Satze des Concertes № 2. (B dur.)

5.

Cadenz zum ersten Satze des Concertes № 3. (C moll.)

Poco meno allegro e risoluto.

6.

Cadenz zum ersten Satze des Concertes № 4.(G dur.)

Tempo primo.

22

7.

Cadenz zum ersten Satze des Concertes № 4.(G dur.)

8.
Cadenz zum Rondo des Concertes № 4.(G dur.)

9.

Cadenz zum ersten Satze

des nach dem Violin-Concert Op.61. arrangirten Concerts. (D dur)

MARCIA.
Più vivace.

Presto, a tempo.

Timp.

10.

Cadenz zum Rondo

des nach dem Violin-Concert Op. 61. arrangirten Concerts. (D dur.)

11.

Cadenz zum ersten Satze des Concertes in D moll von W. A. Mozart.

Più presto.

12.

Cadenz zum Rondo des Concertes in D moll von W. A. Mozart.